KB245247

주원홈트
100

핫한 언니들의 틈새운동, 병아리핏 프로그램!

주원홈트
100

초판 1쇄 발행 2016년 6월 23일
초판 18쇄 발행 2018년 4월 1일

지은이 김주원
펴낸이 김영조
콘텐츠기획팀 홍지은, 신수연
마케팅팀 이유섭, 배태욱
경영지원팀 정은진
외부스태프 디자인 ALL design group
　　　　　　촬영 박상국(15스튜디오)
　　　　　　의상협찬 크리스스튜디오(www.bykris.co.kr)
펴낸곳 싸이프레스
주소 서울시 마포구 양화로7길 4-13(서교동 392-31) 302호
전화 02-335-0385/0399
팩스 02-335-0397
이메일 cypressbook1@naver.com
홈페이지 www.cypressbook.co.kr
블로그 blog.naver.com/cypressbook1
포스트 post.naver.com/cypressbook1
페이스북 www.facebook.com/cypressbook
인스타그램 @cypress_book
출판등록 2009년 11월 3일 제2010-000105호

ISBN 978-89-97125-98-2 13690

이 도서의 국립중앙도서관 출판시도서목록(CIP)은 e-CIP홈페이지(http://www.nl.go.kr/cip.php)와 국가자료공동목록시스템(http://www.nl.go.kr/kolisnet)에서 이용하실 수 있습니다. (CIP 제어번호:2016014921)

CYPRESS
싸이프레스

주원홈트 100 : 병아리핏

그간 SNS(인스타그램)를 통해 꾸준히 주원홈트 운동 영상을 올렸었는데, 항상 눈으로만
운동하는 병아리들이 많았어. 운동은 몸을 움직여야 효과를 볼 수 있는 건데 말이야.
그리고 자기는 아무리 해도 살이 안 빠진다며 한탄을 늘어놓는 일이 다반사였지.

하루라도 거르면 하기 싫어지는 게 운동이란 녀석이야. 피치 못해 하루 운동을
거르는 날이 생기면 다음 날에는 더 하기 싫어지거든. 난 언니들의 고민과 패턴을
누구보다도 잘 아니까 '이대로만 해!'하고 매일 같은 운동만 실행할 수 있도록
프로그램을 만들어 주면 어떨까라는 생각이 들었어.

그래서 탄생한 프로그램이 바로
운동 병아리(운동 생 초보) 모두가 '함께' 할 수 있었던 운동,

'주원홈트 300'

내가 다이어트 할 때 했던 방식 그대로를 본 떠서 만든 틈새운동으로 화장실이나 옥상,
계단을 이용해서 주변 사람 아무도 모르게 하루 동안 개수(300개)를 채우면 되는 방식이지.
처음 이 프로그램을 만들 때는 제발 이 영상을 보고 100명만이라도 따라해 준다면
좋겠다고 생각했었는데...웬걸? 생각보다 반응이 너무 핫한 거야. 매일 '주원홈트 300'을 하며
각자의 SNS에 인증샷을 올리고, 자신만의 리스트를 만들어 운동 개수를 체크하는 등
정말 열심히, 꾸준히 따라와 줬어. 그들의 몸도 눈에 띄게 달라지는 것이 보였고.

'주원홈트 300'은 2016년 4월부터 6월, 그니까 슬슬 노출이 염려되는 여름이 오기 전
3달만 바짝 진행하기로 한 프로젝트야. 그런데 프로젝트의 마지막 달이 점점 다가오자
'주원홈트 300'을 끝내지 말고 계속 해달라는 병아리들의 요청이 빗발쳤어. 고민이 됐지.
나 역시 실제로 3달간 열심히 따라와 준 병아리들을 보면서 너무 뿌듯했고 즐거웠거든.

병아리들에게 '믿음'도 생겼어.
'아, 조금 더 디테일한 플랜에도 우리 병아리들이라면 열심히 따라와 줄 수 있겠구나.'하는.

그래! 이번에는 더 제대로! 몸 구석구석을 건강하고 아름답게 만들 수 있는
프로그램을 소개해보자! 그래서 준비했어!

주원홈트 100이라 쓰고, '병아리핏'이라 부르는 우리들만의 일주일 운동 플랜!
그럼 지금부터 달려 볼까?

CONTENTS

「주원홈트 100」은 '월, 화, 수, 목, 금, 토' 모두 다른 동작과 구성으로 짜인 프로그램이야.
요일마다 조금씩 난이도가 다른 동작들이 섞여 있어. 어떤 날은 동작이 버거운 날도
있을 테고, 또 어떤 날은 모든 동작이 너무 수월해서 날아다니며 운동할 수 있을 거야.
모두 병아리들이라면 충분히 할 수 있는 동작들이지. 애칭도 '병아리핏'이잖아.

좀 더 자세하게 알아볼까?

병아리들은 '주원홈트 100'을 통해 매일 5가지 동작을 실시하게 되는데,
각각의 동작을 하루 동안 100회만 채우면 미션 클리어!

만약 운동을 하루 거르게 되었다고 해도, 다음 날에는 무조건 그 요일의 운동을 해야 해!
예를 들면 수요일에 바빠서 '주원홈트 100'을 못했어! 목요일에는 수요일 운동에
미련 갖지 말고 그냥 목요일의 운동을 하면 돼. 쉽지?

월요일~수요일 운동은 가벼운 운동 위주!
목요일~토요일 운동은 고강도 운동 위주!
크게 밖에서 틈새운동으로 할 수 있는 동작과 집에서 할 수 있는 동작으로 구성되어 있어.

꼭 프로그램에 정해진 순서대로 할 필요는 없고, 밖에 나가 활동하는 동안에는 틈새운동에
적합한 동작들을 언제 어디에서나 실시해. 100회만 하면 돼! 그리고 집으로 돌아와서는
집에서 할 수 있는 동작들을 하는 거지. 드라마를 보면서, 부모님과 수다를 떨면서,
잠들기 전 등등… 따지고 보면 우리에게 시간은 충분하잖아.

또 하나, 우리 병아리들의 최대 고민! 뱃살!!!
다른 곳은 말랐는데 배만 나와서 고민인 병아리들 많지?
30대가 넘어가면 다른 곳은 몰라도 역시 뱃살만은 중력에 의해 나오고 처지고…
모두 공감할 거야. 그래서 준비했어. 스페셜 프로그램!

복부 비만을 위한 '뱃살 날리기 프로그램'!!
그 날의 요일핏을 실시한 뒤 플러스로 뱃살 프로그램을 추가해주면
엄청난 효과를 볼 수 있어.

여기서 끝낼까 하다가 그러면 병아리들이 섭섭해 할까봐 선물을 하나 더 준비했지.
정말 많은 병아리들이 질문하는 '생리기간에 운동해도 되나요?'에 맞춘 프로그램!

'생리기간 다이어트 프로그램'
물론 생리통이 절정으로 심한 날이나, 몸이 아픈 날엔 쉬는 걸 추천! 그러나 생리통이
생리 기간 내내 오는 건 아니잖아. 생리통이 심하지 않은 날엔 이 프로그램을 활용해봐.
어쨌든 무리하는 건 좋지 않으니까 이 기간엔 '주원홈트 100'은 생략하고 당분간
이 프로그램으로 대체하는 게 좋아.

'주원홈트 100'은 쉬지 않고 한 번에 100회를 하는 것보다는
20회씩 5번, 혹은 10회씩 10번에 나눠서 하는 것이 좋다!

이렇게 나눠서 틈새운동 하게 되면 무료할 시간이 줄어들게 되거든.
무료하면 우리가 뭘 하겠어? 뭘 먹지?
그니까 틈날 때마다 운동을 하게 되면 아무 이유 없이 심심하다고
주워 먹는 행위를 방지 할 수 있어!!!
운동에 지치거나 질릴 위험도 확 줄어 들어!

그러니까 이상한 거 먹지 말고 따라와!
3개월이면 충분해.
딱 3개월이면 몰라보게 달라진 내 모습을 발견할 수 있을 거야!
너무 날씬해진 자신과 마주했을 때 어색해할 준비나 하라고!

JOO.WON.HOME TRAINING
「주원홈트 100」을 보는 방법

「주원홈트 100」은 6개의 요일핏 프로그램(월, 화, 수, 목, 금, 토)과 2개의 스페셜 프로그램(뱃살 날리기, 생리기간 다이어트), 그리고 2개의 스트레칭 프로그램(공복 운동, 마무리 스트레칭)으로 구성됩니다. 해당 요일이나 자신의 목적에 맞는 프로그램을 선택해 운동하세요!

1 **프로그램 소개** 해당 프로그램의 이름과 컨셉에 대해 소개합니다.

2 **QR 코드** 사진과 글로도 설명이 부족하다면 영상을 참고하세요. 각 동작마다 영상을 첨부해 보다 쉽게 따라 해볼 수 있습니다.

3 **동작 이름** 해당 페이지의 동작 이름을 말합니다.

4 **자극 부위** 해당 동작을 통해 자극이 오는 부위(꾸준히 하면 살이 빠지는 부위)가 어딘지를 설명합니다. 확실한 운동 효과를 원한다면 표시된 부위에 자극이 제대로 오는지 체크하며 동작을 진행하세요.

5 **동작 설명** 사진에 해당되는 동작 설명을 자세히 적은 것입니다. 동작을 진행하기 전에 미리 읽으면 보다 효율적으로 운동 효과를 볼 수 있습니다.

6 **동작 사진** 동작을 좀 더 쉽게 이해할 수 있도록 한 상세 사진입니다.

7 **병아리 TIP** 운동 병아리(운동 초보자)들에게 조금 어려울 수도 있는 동작에는 병아리 TIP 박스를 넣어 쉬운 응용 동작으로 대체할 수 있게 했습니다. 박스 안에 동작으로 연습한 뒤에 차차 익숙해지면 본 동작을 시도해보세요.

WORKOUT DIARY
「주원홈트 100」 병아리 운동 일지 쓰는 방법

「주원홈트 100」의 동작은 한 번에 100회를 몰아서 하기보다 10회씩, 또는 20회씩 나눠서 진행하는 편이 더 효과적입니다. 집에서 TV를 볼 때, 회사 쉬는 시간에, 화장실 갔을 때, 엘리베이터에 탔을 때 등 틈이 날 때마다 운동을 함으로써 입이 심심해할 여지를 주지 않는 것이지요.

지금 소개하는 '병아리 운동 일지'는 다이어트에 대한 뜨거운 열정으로 「주원홈트 100」을 실시할 여러분들을 위해 준비한 작은 선물입니다. 프린트 한 뒤에 가지고 다니면서 각 동작, 한 세트 (20회)를 마칠 때마다 칸을 칠해주세요. 본인의 매일 운동량을 체크하는데 유용하게 사용될 거예요.

※ '병아리 운동 일지'는 싸이프레스 블로그(blog.naver.com/cypressbook)에서 무한 다운로드 받으실 수 있습니다.

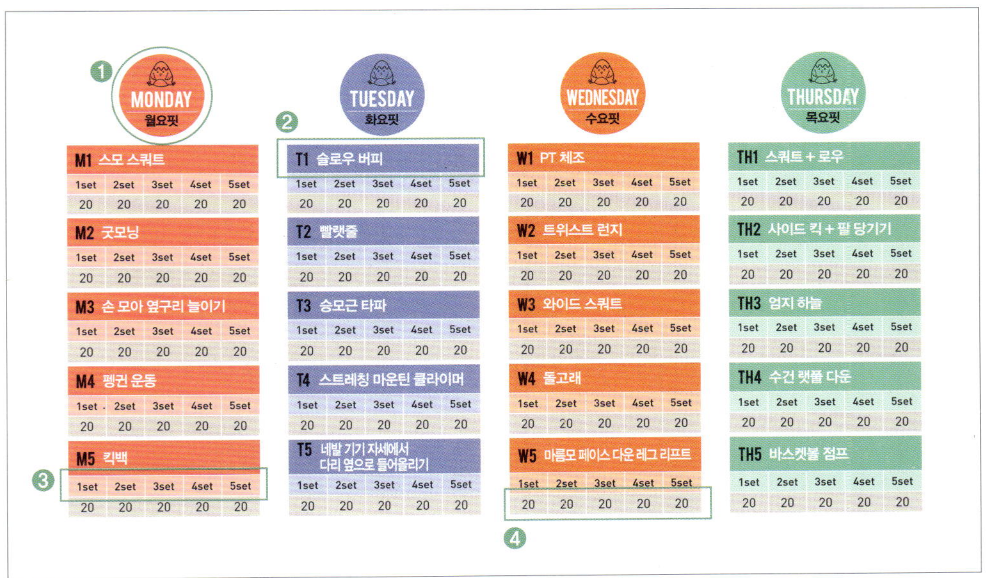

1 **프로그램 이름** 해당 프로그램의 이름을 적은 것입니다.

2 **동작 번호 & 이름** 해당 운동 동작의 번호와 이름입니다.

3 **세트** 하루에 채워야 할 동작 100회를 5세트로 나눠 놓았습니다. 한 번에 20회가 힘든 병아리들은 세트당 10회씩 동작을 진행해도 무관합니다.

4 **횟수 체크** 동작 1세트, 20회를 진행한 병아리들은 이 칸을 칠해주세요. 5개의 칸을 다 칠하면 그 날의 운동 미션 클리어!

기억하라!
너의 시작은 햇병아리로 미흡하나
끝은 섹시미 팡팡 터지는 핫한 중닭이 될 것이야!

지금 혹시 운동 안 하고 먹고 있니?
기억해!
먹을 땐 만 원!!
뺄 땐 백만 원!!!
손에 든 거 내려놓고 「주원홈트 100」만 성공하면
얼마를 버는 건지 짐작이 가?

도대체 왜? 운동은 월요일부터야?
움직여라! 지금 당장 움직여!
하루라도 더 젊은 바로 오늘!

내 말 들어, 병아리! 의심하지 마!
넌 잘하고 있어! 뭘 해도 넌 다 잘할 거야.
나에게 넌 살아있는 자체가 축복이거든.

그저 운동은 하기 싫고 가만히 앉아서 먹고만 싶지?
아무 이유 없이 그렇지 않아?
맞아. 아무 이유 없어. 그냥 하기 싫은 거야.
그러니까 딱히 이유를 못 찾겠으면
"그냥 해."

세 번 생각해라.
오늘 먹고 내일 성질 안날 자신 있어?
오늘 운동 거르고 내일은 정말 열심히 할 자신 있어?
아니. 오늘 안 하면 내일은 더 하기 싫어.

병아리들!
운동은 선택이 아니야.
필수야!

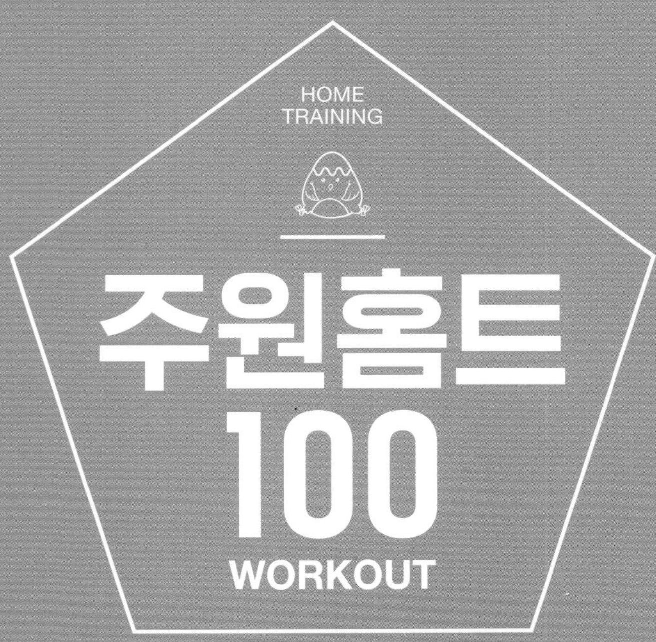

HOME
TRAINING
주원홈트
100
WORKOUT

SLIM-FIT

몸이 슬림해지는
공복 운동

아침에 눈뜨자 마자 공복 상태에서 따라 하면 좋은 운동! 이때는 너무 오랜 시간 운동하는 것도, 과격한 동작도 금물! 굳어있는 몸의 근육을 가볍게 풀어주는 스트레칭 위주로 매일 10~15분 정도만 실시하면 몸이 슬림해지는 것을 느낄 수 있어! 이어서 소개할 요일핏 프로그램을 시작하기 전 몸에 열을 내기 위한 준비동작으로도 굿!

SF1 수건 스트레칭 I

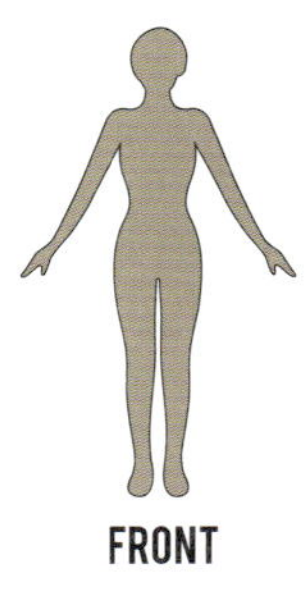

1 바로 서서 양발은 어깨너비로 벌리고, 수건은 골반너비 정도로 간격을 두고 잡아.

2 상체를 숙이며 수건으로 허벅지에서 무릎까지 쓸어 내려. 이때 무릎은 편 상태를 유지해!

3 최대한 무릎을 구부리지 않은 상태로 수건을 무릎에서 발끝까지 쭉 쓸어 내려가. 유연한 사람은 바닥에 닿을 때까지 내려가도 상관없어!

4 이제 반대로 하면 돼. 수건을 무릎까지 쭉 쓸어 올려.

5 그 다음 수건을 무릎에서 허벅지까지 쓸어 올려 맨 처음 자세로 돌아가!

6 그대로 가슴 높이까지 양팔을 쭉 뻗어 올렸다가.

7 온몸을 쭉 늘이며 만세! 1~7번 과정을 10회 반복해.

3
4
5
6
7

SF2 수건 스트레칭 II

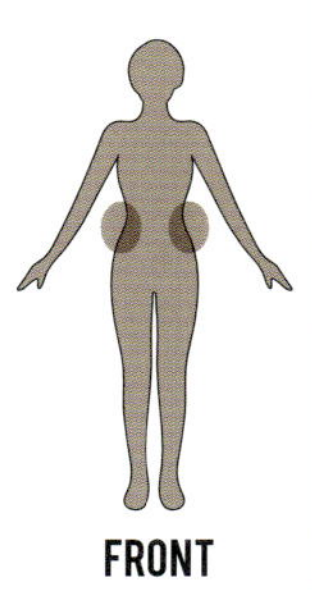

FRONT

1 바로 서서 양발을 어깨너비보다 넓게 벌리고, 양손으로 수건을 잡은 채 몸을 쭉 늘이며 만세!

2 그대로 왼쪽으로 상체를 기울이며, 오른쪽 옆구리가 쭉 늘어나는 것을 느껴봐.

3 상체 들어 원위치!

4 이번에는 오른쪽으로 상체를 기울여 왼쪽 옆구리를 쭉 늘이고,

5 다시 상체 들어 원위치!

6 그대로 몸 전체를 왼쪽으로 비틀어서 오른쪽 전반을 쭉 늘여봐.

7 원위치!

8 이번에는 몸 전체를 오른쪽으로 비틀어 왼쪽 전반을 쭉 늘이자.

9 원위치! 1~9번 과정을 10회 반복해!

4
5
6
7
8
9

SF3 허벅지 스트레칭

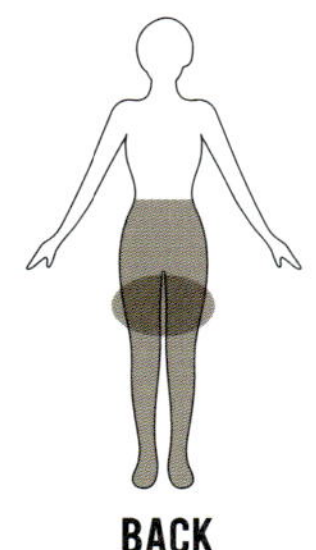

BACK

1 쪼그리고 앉은 채 왼발을 옆으로 쭉 펴줘! 몸이 휘청거리지 않도록 오른발로 균형을 잘 잡아주고, 양손은 어색하지 않게 잡아주자. 이 상태로 20초간 버티기!

2 그대로 몸을 왼쪽으로 틀어 상체와 양 발끝이 왼쪽을 향하게 해! 이때 상체는 꼿꼿이 세우고, 오른쪽 앞벅지가 쭉 늘어나는 느낌이 나야해. 역시 이 상태로 20초간 버티기! 같은 방법으로 반대쪽 다리도 실시!

SF4 점핑잭 50

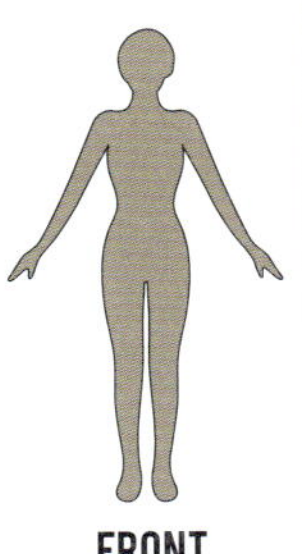

FRONT

1 바로 세!

2 점프하면서 양발을 넓게 펼치고, 동시에 양팔은 하늘 위로 쭉 들어 올려. 중간에 멈추지 말고 50회 실시!

TIP

이 동작은 SF1~SF3의 동작만으로는 '운동이 부족해!'라고 느끼는 언니들을 위한 추가 동작이야. 뒤에 나오는 요일핏 실시 전 몸에 열을 내는 준비운동으로 강력 추천!

1

2

한 주를 개운하게!
월요핏

일주일의 시작인 월요일, 좀 더 개운하게 시작할 순 없을까? 그래서 준비했다! 월요병 퇴치 운동! 첫날이니까 과격한 동작은 자제하고, 주말 내 먹고 마시고 통통하게 물오른 내 몸을 다시 운동하기 좋은 상태로 만들어 주는 동작들로 묶었어.

M1 스모 스쿼트

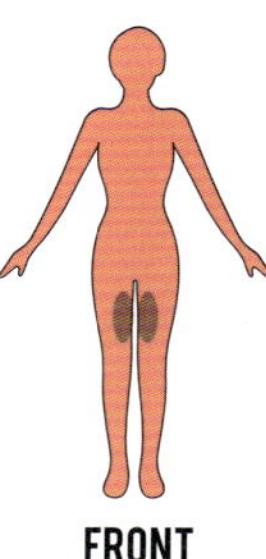

1 바로 서서 양발은 어깨너비보다 넓게 벌리고, 발끝도 바깥쪽으로 벌려. 양손은 만세!

2 무릎을 곧게 편 채로 상체만 숙여 양 손끝으로 발 뒷꿈치를 터치!

3 무릎을 바깥쪽으로 벌리면서 그대로 앉아. 골반에 뻐근함이 느껴질 때까지!

4 그 상태로 양손을 하늘로 뻗으며 만세! 이때 양손을 들어 올리면 골반이 바닥으로 눌리는 느낌이 들 거야.

5 뒤꿈치로 바닥을 꾹 누르면서 일어나.

TIP

다리와 팔을 곧게 편 채로 뒤꿈치에 손끝이 닿게! 찍고, 앉고, 만세. 업(일어날 땐 3초에 걸쳐 일어나! 어! 어! 업!)! 이 동작을 꾸준히 하면 골반의 틀어짐이 교정되고, 부종을 뺄 수 있어.

3
4
5
후~

한 주를 개운하게! 월요핏

M2 굿모닝

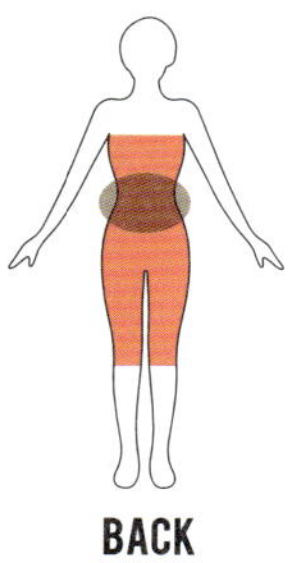

BACK

1 바로 서서 양발은 골반너비로 벌리고, 양손은 머리에!

2 인사하듯 천천히 허리를 90°로 굽혀. 이때 허리는 편 상태여야 하고, 무릎은 자연스럽게 구부려줘도 돼.

3 허리의 힘으로 천천히 상체를 45° 정도 들어 올리고.

4 천천히 상체를 들어 올리며 일어나!

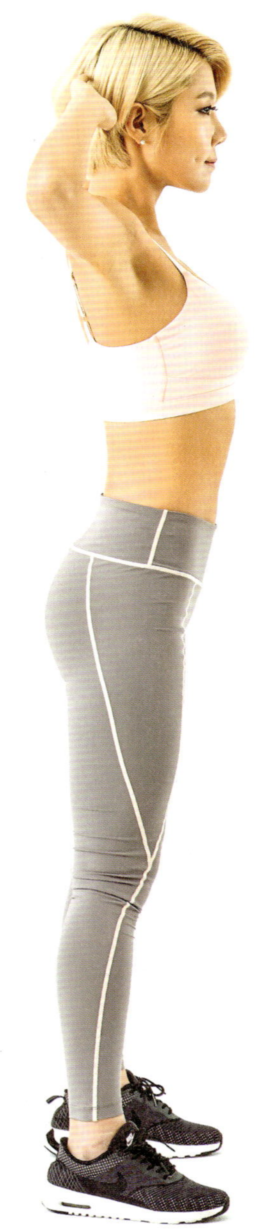

1

2

후~

M3 손 모아 옆구리 늘이기

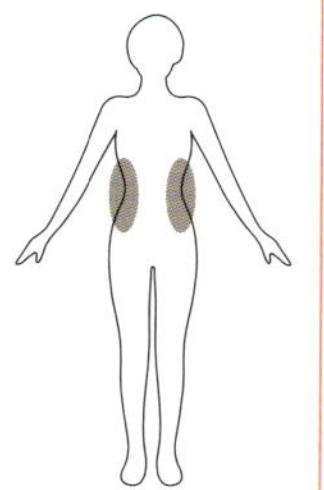

FRONT

1 바로 서서 양발은 어깨너비로 벌리고 양 팔꿈치는 구부려 어깨 높이, 가슴 위쪽으로 들어 올려.

2 하체는 고정한 채로 상체만 오른쪽으로 기울이며 왼쪽 옆구리를 최대한 늘여줘!

3 옆구리에 힘을 주면서 상체 원위치!

4 같은 방법으로 이번엔 왼쪽으로 상체를 기울여 오른쪽 옆구리를 쭉 늘여줘!

5 옆구리에 힘을 주면서 상체 원위치! 여기까지가 1회야.

후~
후~
3
4
5

M4 펭귄 운동

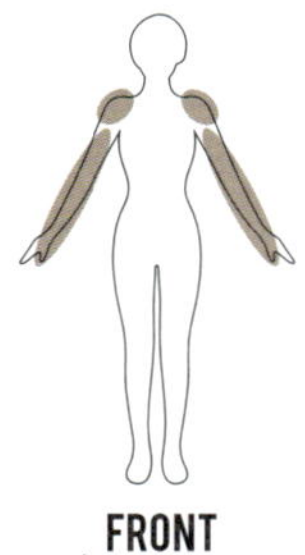

FRONT

1 바로 서서 양발은 어깨너비로 벌리고, 양팔을 아래로 쭉 편 뒤 손목을
밖으로 꺾어 줘(앉아서 해도 돼).

2 손목을 안으로도 한 번 꺾어 줘. 동작을 할 때 팔 근육에 힘을 단단히
주고 천천히 꺾어줘야 원하는 부위의 살을 뺄 수 있어!

1

2

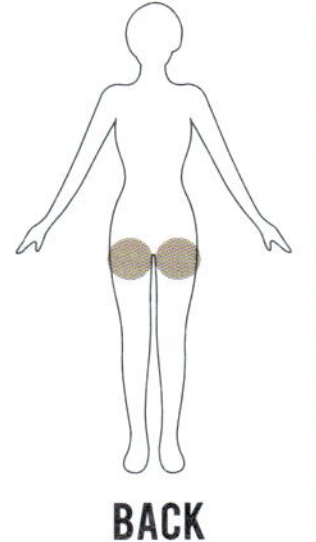

1 바로 세!

2 허리에 무리가 가지 않을 정도로 한쪽 다리를 뒤로 들어 올리면서 엉덩이를 꼭 짜 줘. 중심이 안잡히면 벽을 잡고 하면 돼! 좌우 각 100회씩!

UPGRADE TIP!

1 네발 기기 자세에서 한발을 뒤로 들어 올려.

2 골반이 틀어지지 않도록 주의하면서 들어 올린 다리를 좀 더 높이 들어 올리면 끝! 들고 내리고를 반복하다 보면 엉덩이 뒤쪽에 자극이 오면서 엉덩이가 업! 될 거야.

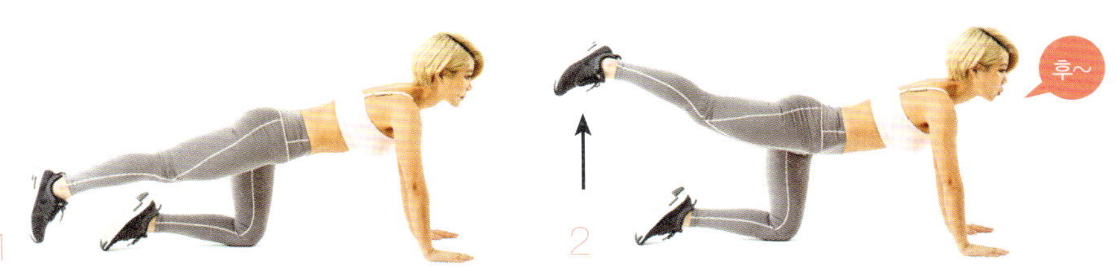

저질 체력 파워 업!
화요핏

전신의 근육을 본격적으로 사용하게 될 화요일의 병아리핏! 벌써부터 힘든 건 아니지? 앞으로 이어질 프로그램을 소화하기 위해서는 반드시 거쳐야 할 관문이야. 특히 병아리들은 관절에 무리가 가지 않도록 주의하면서 해야 해!

T1 슬로우 버피 ※ 호흡은 자연스럽게!

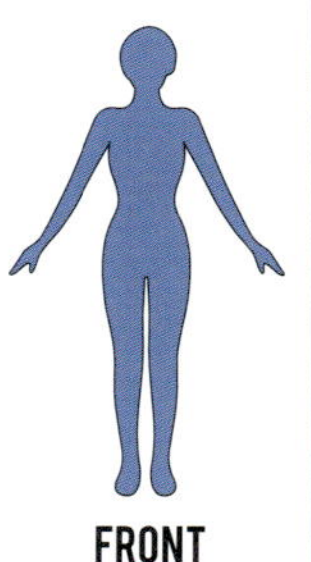

FRONT

1 바로 서서 양발은 어깨너비로 벌리고, 양손은 만세!
2 상체를 숙이면서 양손으로 바닥을 짚어. 이때 엉덩이 뒤쪽 근육이 쭉 늘어나는 느낌이 들어야 해.
3 차례로 한발씩 뒤로 뻗어 엎드려 뻗쳐 자세를 취했다가.
4 차례로 한발씩 앞으로 가져와 2번 자세로 돌아오고.
5 천천히 상체를 일으키면서 스쿼트!
6 완전히 일어나면서 양팔을 하늘로 쭉 뻗어 온몸을 늘여줘.

TUESDAY

3
4
5
6

T2 빨랫줄 동작

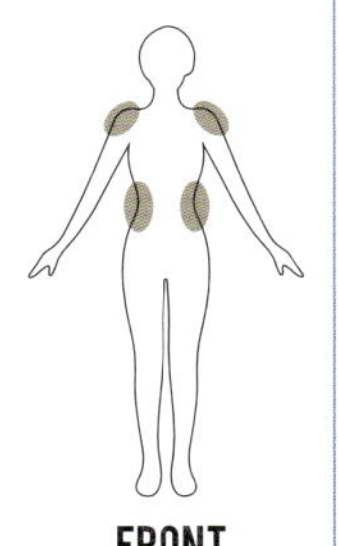

FRONT

1 바로 서서 양발은 어깨너비로 벌리고, 양팔은 옆으로 나란히!

2 하체는 고정한 채 팔이 흔들리지 않도록 주의하면서 상체를 오른쪽으로 쭉 밀어내. 마치 내 몸이 빨랫줄에 걸린 것처럼. 또는 양쪽에서 누가 내 팔을 잡아당긴다고 상상해도 좋아.

3 이번에는 왼쪽으로 상체를 밀어내. 2~3번 과정이 1회!

승모근 타파

1 바로 서서 허리 뒤로 양손 깍지를 껴.

2 양손을 뒤로 쭉 밀어내면서 들어 올려. 그 상태로 10초간 정지!

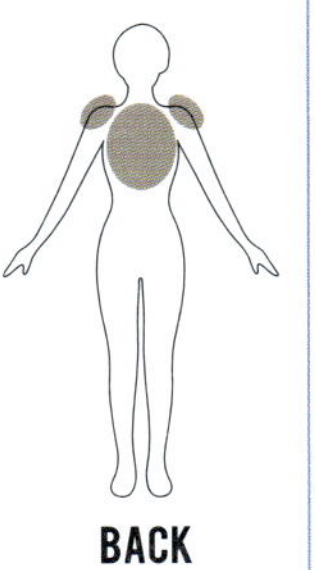

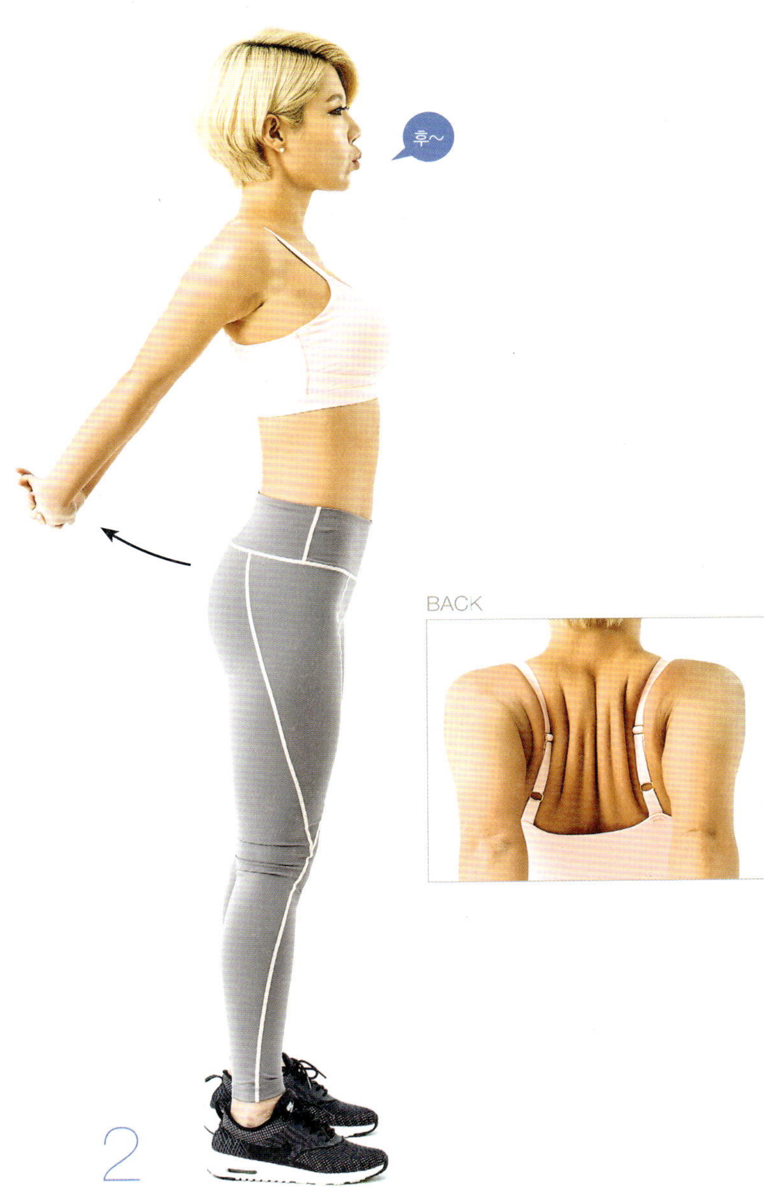

T4 스트레칭 마운틴 클라이머

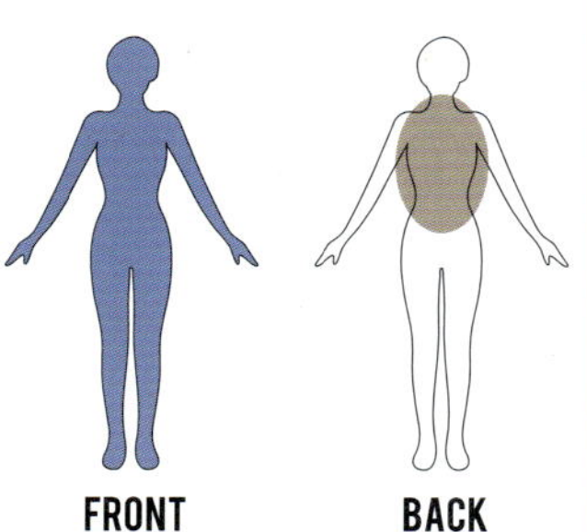

1 엎드려 뻗쳐 자세에서 양발을 앞쪽으로 좀 더 당겨줘. 몸이 뾰족한 산 모양이 될 수 있게! 양팔과 등이 일직선이 되도록 스트레칭!

2 엉덩이를 내리면서 오른쪽 무릎을 가슴 방향(대각선으로)으로 쭉 당겨줘. 이때 복부에 힘주는 것 잊지 말고!

3 다시 엎드려서 등을 꾹꾹 눌렀다가.

4 이번에는 왼쪽 무릎을 가슴 쪽으로 쭉 당겨! 여기까지가 1회야.

1 양손으로 의자를 잡고 엎드려 뻗쳐! 등을 꾹 누르고 엉덩이는 하늘로 향하도록!

2 엉덩이를 낮추면서 오른쪽 무릎을 가슴 방향(대각선)으로 당겨줘. 이때 복부에 힘주는 것 잊지 말고!

3 다시 엎드려 등을 꾹 눌렀다가.

4 이번에는 왼쪽 무릎을 가슴 방향(대각선으로)으로 당겨줘.

T5 네발 기기 자세에서 다리 옆으로 들어 올리기

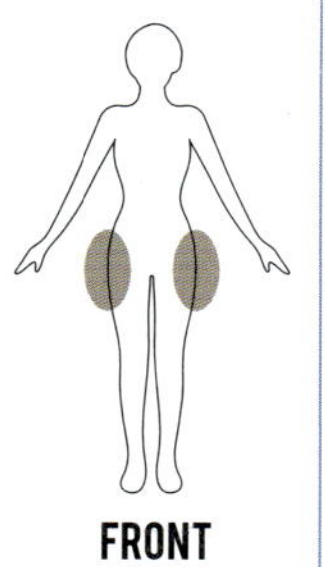

1 네발 기기 자세로 엎드려. 양손은 어깨너비, 양 무릎은 골반너비가 적당해.

2 어깨와 골반이 틀어지지 않도록 주의하면서 한쪽 무릎을 옆으로 들어 올려. 엉덩이 옆 부분에 자극이 느껴지는 지점까지만 들어 올리면 돼. 이때 들어 올린 다리를 땅에 닿지 않은 채로 동작 반복! 좌우 각 100회씩!

1

UPGRADE TIP!

1 바닥에 옆으로 누운 다음, 양 무릎을 90°로 구부려. 이때 확실하게 90°로 구부려 줘야 효과가 좋아.

2 무릎을 들어 올린다는 느낌으로 위쪽 다리를 천천히 들어 올려. 이때 손은 엉덩이 위에 얹어두고 다리를 들어 올릴 때 자극이 오는 지 체크!

3 무릎이 서로 닿지 않을 정도로만 천천히 다리를 내려줘. 여기까지가 1회. 2~3번 과정을 반복해.

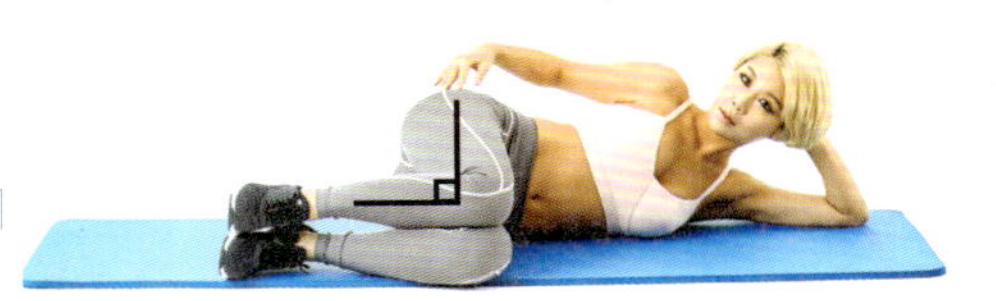

하체 집중 타파!
수요핏

무사히 수요일 프로그램까지 온 언니들을 응원하고자 좀 더 강도를 높여봤어. 언니들의 오랜 염원을 담은 하체 타파 운동! 다른 파트에 비해 하체와 허리, 골반의 근육을 강화할 수 있는 동작들이 많아. 꾸준히만 하면 언니도 하의 실종 패션에 도전할 수 있어!

W1 PT 체조

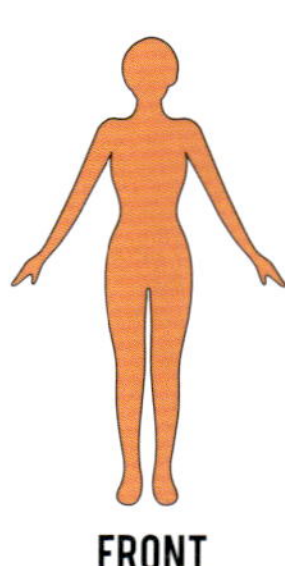

1 바로 서서 양발을 바르게 모으고, 양손은 편안하게 내려 놔.

2 점프하면서 양팔과 양발로 큰 대(大)자를 만들어.

3 다시 점프하면서 1번 자세로 돌아갔다가.

4 다시 점프하면서 양발은 넓게 벌리고, 양팔은 위로 뻗어.

5 다시 원위치!

3

5

4

W2 트위스트 런지

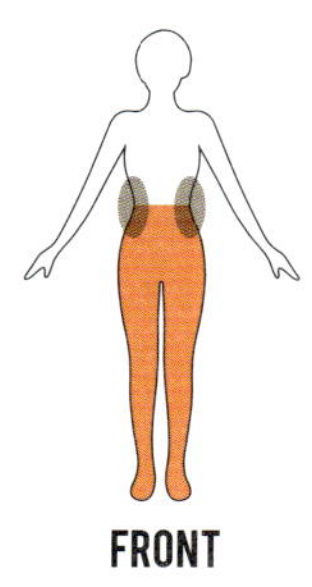

FRONT

1 바로 서서 양발을 골반너비로 벌린 다음 한발을 뒤로 보내. 양손은 깍지끼고 앞으로 쭉 뻗어!

2 앞다리는 'ㄱ', 뒷다리는 'ㄴ'자를 만들면서 그대로 앉아. 이때 바닥에 무릎이 닿아선 안 돼!

3 그 상태로 상체를 내민 다리 방향쪽으로 틀면서 트위스트(몸을 트는 방향은 앞으로 내민 다리와 같아.)!

4 그대로 상체 돌려 원위치!

5 그대로 일어나! 좌우 각 50회씩!

CLOSE UP

1

2

3

4

5

1 한손으로 의자를 잡고, 양발을 골반너
비로 벌린 다음 한발을 뒤로 보내.

2 앞다리는 'ㄱ', 뒷다리는 'ㄴ'자를 만들
면서 그대로 앉아. 이때 바닥에 무릎
이 닿아선 안 돼!

3 그대로 일어나!

W3 와이드 스쿼트

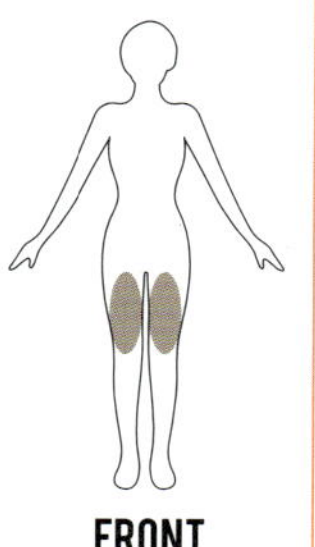

FRONT

1 바로 서서 양발을 어깨너비보다 넓게 벌리고, 양손은 허리에! 이때 발끝은 바깥을 향해 벌려줘!

2 허리를 편 상태로 무릎을 새끼발가락 방향으로 벌리면서 천천히 앉아줘. 허벅지 안쪽을 최대한 늘이겠다는 생각으로, 허벅지가 바닥과 평행할 때까지.

3 천천히 일어나.

1

2

3

W4 돌고래

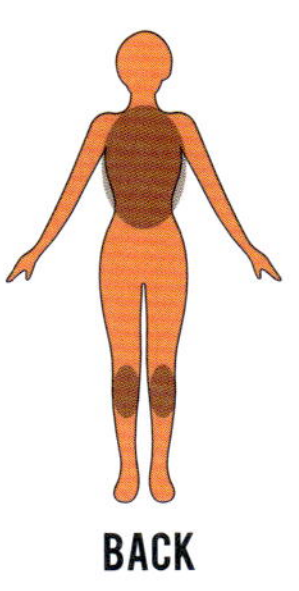

1 엎드려 뻗쳐 자세에서 양발을 붙이고, 양손은 어깨너비로 벌려. 이때 양발을 살짝 앞으로 당겨 엉덩이가 살짝 높이 올라가도록!

2 무릎을 편 채로 오른쪽 다리를 하늘 높이 들어 올리면서 양 어깨를 바닥으로 꾹 눌러줘. 좌우 각 50회씩!

W5 마름모 페이스 다운 레그리프트

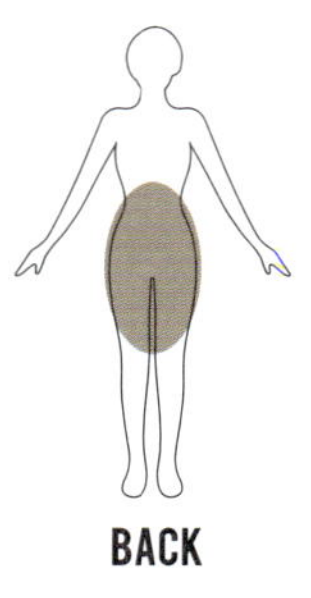

BACK

1 바닥에 배를 대고 엎드린 다음 상체는 편안한 자세로 두고, 양발의 뒤꿈치를 붙여 위에서 봤을 때 마름모 형태가 되게끔 만들어줘.

2 그 상태로 허벅지를 들어 올려. 엉덩이 뒤쪽 근육이 꽉 쪼여지면서 허리에 뻐근한 느낌이 들도록!

3 들어 올린 허벅지를 천천히 내려주는데, 이때 바닥에 완전히 닿지 않는 정도로만 내려주자. 2~3번 과정이 1회!

CLOSE UP

1

2

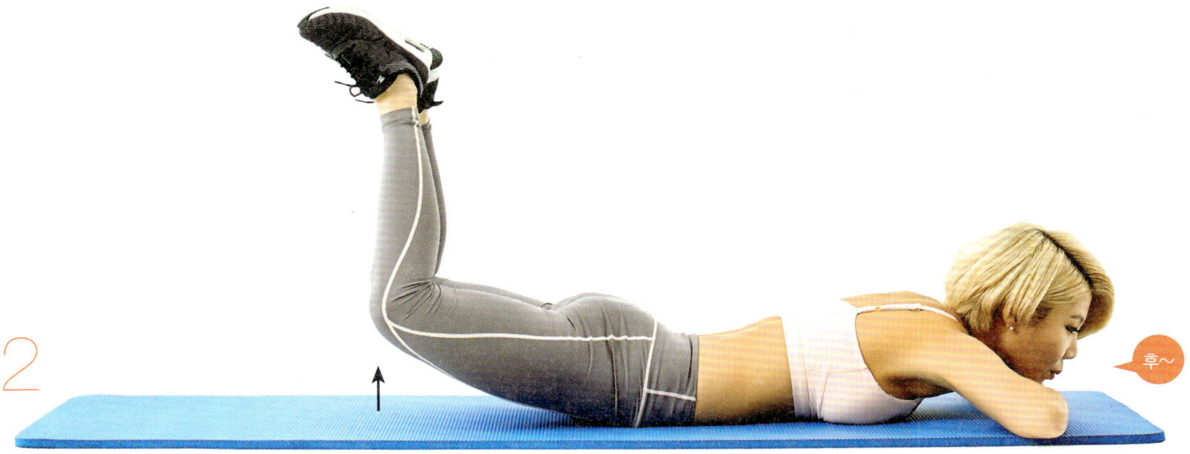

3

섹시한 뒤태 미녀 되기!
목요핏

옆구리의 삐죽살과 티셔츠를 통해 울퉁불퉁 올라오는 등살을 어찌하면 좋을까? 답은 정해져 있어! 바로 목요일 프로그램을 빠지지 않고 하는 것! 잠자고 있는 옆구리와 등의 근육들을 사정없이 깨워봐!

TH1 스쿼트 + 로우

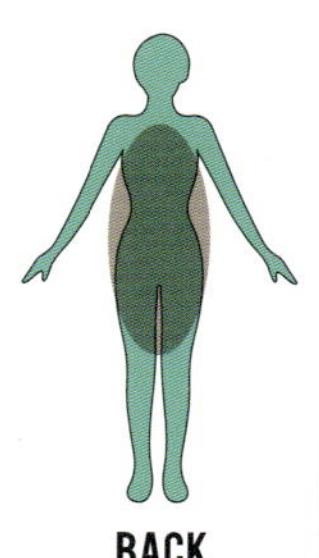

1 바로 서서 양발은 어깨너비, 발끝은 살짝 바깥쪽으로 벌리고 양손은 앞으로 나란히!

2 허리를 편 채로 무릎을 발끝 방향으로 벌리면서 그대로 앉아. 이때 엉덩이가 무릎보다 아래로 내려가게 앉는 것이 좋아!

3 일어나면서 양손을 뒤로 쭉 당기며 등을 꽉 짜줘!

1

2

3

TH2 사이드 킥 + 팔 당기기

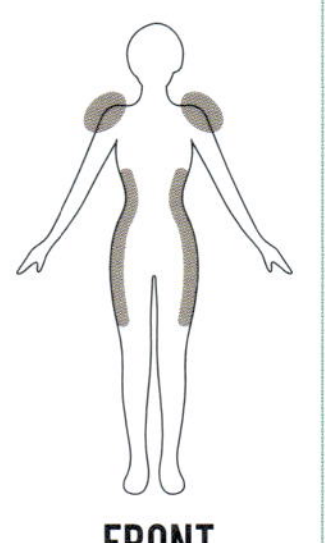

FRONT

1 바로 서서 왼손은 허리, 오른손은 하늘로 쭉 뻗어.

2 무릎을 편 채로 오른쪽 다리를 옆으로 쭉 들어 올리고, 동시에 오른팔을 아래로 당겨! 이때 상체도 오른쪽으로 기울여줘.

3 천천히 다리를 내리고, 팔을 다시 하늘 위로 쭉! 이때 버틸 수 있다면 움직이는 다리가 땅에 닿지 않도록 하면서 동작을 반복할 것! 동작이 힘든 병아리들은 발이 땅에 살짝 닿아도 괜찮아. 좌우 각 100회씩!

TIP

다리를 옆으로 들어 올릴 때 발날이 틀어지지 않게 주의하면서 그대로 옆으로만 들어 올릴 것!

2

1

3

TH3 엄지 하늘

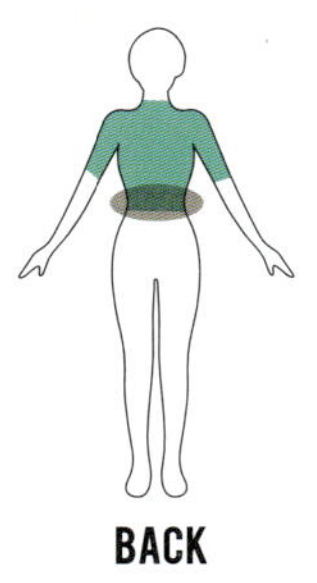

BACK

1 바로 서서 양발을 골반너비로 벌리고, 양손은 주먹을 쥔 채 엄지손가락을 척 들어 올려.

2 허리를 편 채로 상체를 숙여줘. 이때 무릎은 살짝 구부려도 좋아.

3 양팔을 뒤로 천천히 밀어내. 등 근육이 조이는 느낌이 들 때까지 최대한 뒤로 쭉 젖혀봐. 동작 내내 엄지손가락은 하늘을 향해 있어야 해! 2~3번 과정이 1회!

1

2

3

TH4 목 뒤로 수건 당기기

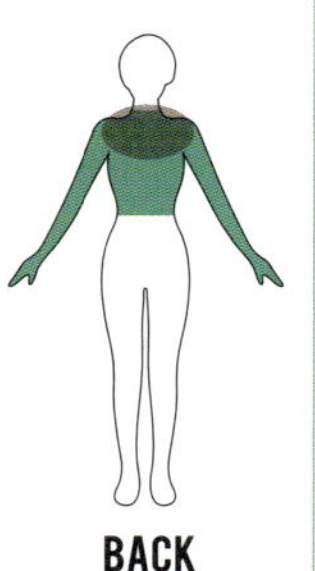

BACK

1 바로 서서 양손으로 수건 양끝을 잡고 위로 쭉 뻗어줘. 이때 살짝 몸 뒤쪽으로 팔이 넘어가 있어야 해.

2 날개뼈에 자극이 오는지 느끼면서 천천히 수건을 목 뒤로 쭉 내려 당겨줘. 이때 목에 너무 많은 힘이 들어가지 않도록 주의!

1

2

CLOSE UP

TH5 바스켓볼 점프

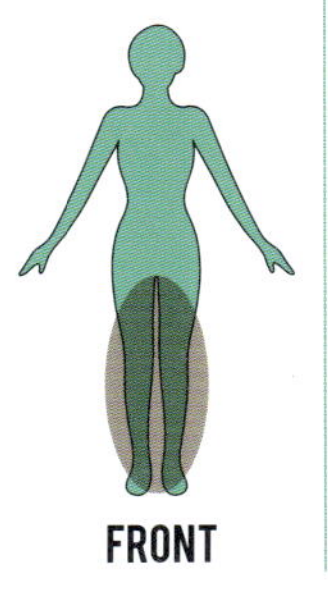

FRONT

1 바로 서서 양발을 어깨너비로 벌리고 선 다음.

2 엉덩이를 뒤로 쭉 빼면서 상체를 숙여 양 손끝으로 바닥 터치! 이때 무릎은 살짝 구부려도 돼.

3 양손을 위로 쭉 뻗으며 일어나 점프! 온몸을 쭉쭉 늘여봐! 2~3번 과정이 1회! 병아리들은 다칠 수도 있으니까 점프는 생략하고 동작을 진행해!

1

2

3

핫한 언니들의 핫한 운동!
금요핏

불금의 유혹을 뿌리치고 운동하는 언니들을 만족시킬 수 있는 핫한 운동만 모았어. 전신을 쭉 늘이고, 확 비틀고, 뛰면서 온몸 구석구석에 피를 돌게 하는 버닝 프로그램! 동작과 근육의 움직임에 집중하면서 진심으로 운동을 즐겨봐! 어느새 날아갈 듯 가벼운 몸이 되어 있을 테니.

F1 슬로우 데드

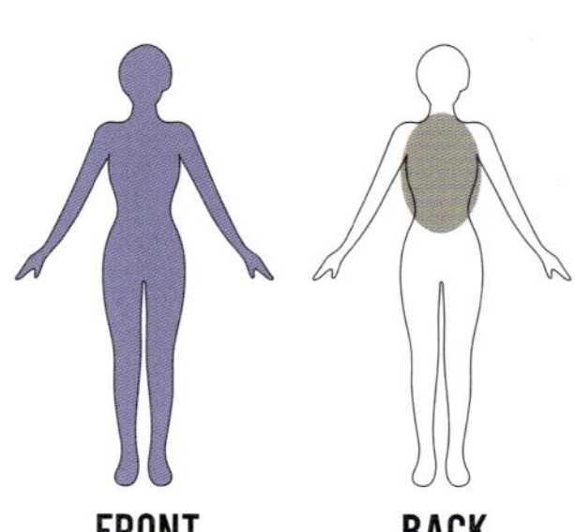

1 바로 서서 양발은 골반너비로 벌리고, 양손은 앞으로 나란히!
2 허리를 편 채 그대로 앉아!
3 엉덩이를 들어 올리며 동시에 상체를 숙여 양 손끝으로 바닥 터치!
4 그대로 양팔을 귀까지 들어 올려. 엉덩이부터 등, 팔까지 일직선이 돼야 해.
5 그대로 상체를 사선으로 들어 올려.
6 완전히 몸을 일으키면서 만세!

3
4
5
6
후~

F2 트위스트 스쿼트

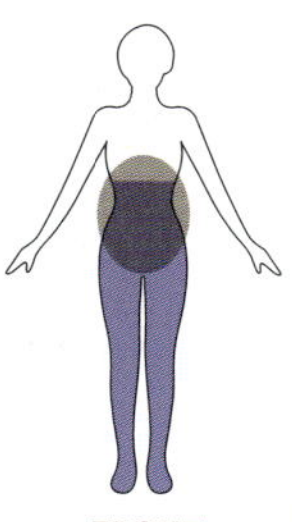

1 바로 서서 양발은 어깨너비로 벌리고, 양손은 앞으로 나란히!

2 그대로 앉으며 스쿼트!

3 일어나면서 동시에 온몸을 오른쪽으로 비틀며 트위스트! 완전히 몸을 돌려 뒤를 본다는 느낌으로 옆구리를 꽉 짜줘!

4 1번 자세로 돌아와.

5 다시 앉으면서 스쿼트!

6 이번에는 일어나면서 동시에 온몸을 왼쪽으로 비틀며 트위스트! 여기까지가 1회야.

3

4

5

6

F3 강아지 쉬야 자세

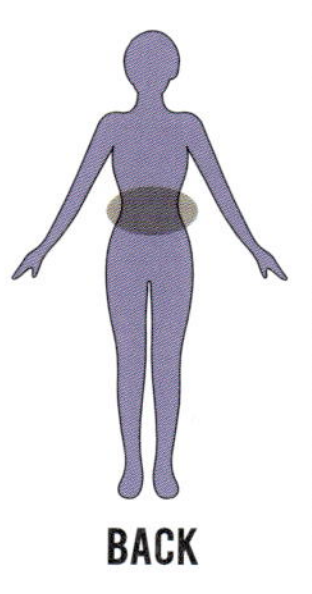

BACK

1 엎드려 뻗쳐 자세에서 양발을 앞으로 살짝 당겨 몸을 산처럼 만들어. 이때 어깨를 꾹 눌러주며 스트레칭!

2 몸을 동그랗게 말면서 오른쪽 무릎이 오른쪽 팔꿈치에 닿게끔 최대한 당겨줘. 이때 상체도 같이 앞으로 이동!

3 양팔로 상체를 뒤로 쭉 밀어내면서 당겼던 다리를 높이 들어 올려. 몸통과 들어 올린 다리가 최대한 일직선이 되도록! 좌우 각 100회씩!

1

2

3

F4 와이드 점프 스쿼트

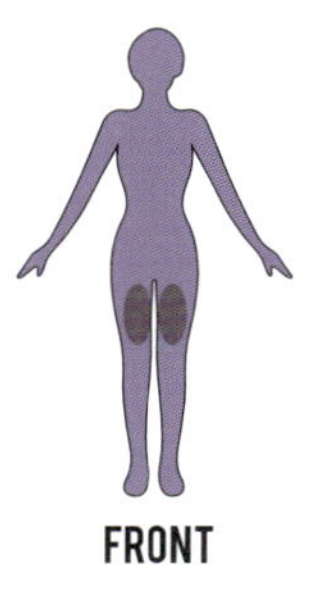

FRONT

1 바로 서서 양발을 모으고, 양손은 마주보도록 겹쳐서 위로 뻗어.

2 점프하면서 양발을 어깨너비보다도 넓게 벌려 앉고, 양팔도 같이 자연스럽게 내려줘. 이때 발끝은 바깥쪽으로 향하게 벌려줘야 해.

3 다시 점프하면서 1번 자세로 돌아온다.

1

2

3

코브라 푸시업

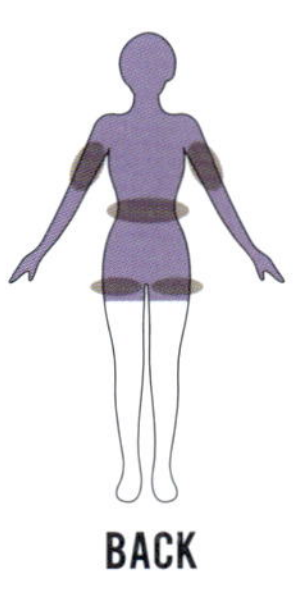
BACK

1 바닥에 배를 대고 누운 뒤 양손은 가슴 옆 바닥을 짚고, 양 발끝은 바깥쪽으로 벌려줘.

2 양팔로 바닥을 밀어내면서 상체를 들어 올려. 가슴을 쭉 펴고 허리 근육에 자극이 오는지 느껴봐.

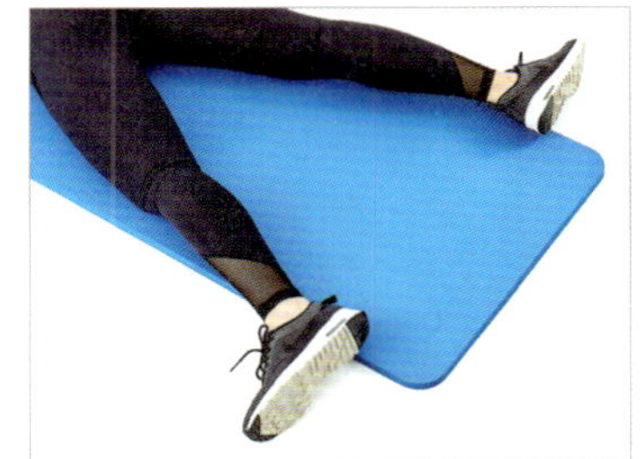

1

2

운동 머신이 돼봐!
토요핏

내일 쉬지? 특별히 좀 더 강한 운동들을 모으고 모았어! 강도가 높은 동작인 만큼 병아리들은 언제나 조심할 것! 기본 동작을 따라 하기 어려운 병아리들은 욕심내지 말고 병아리 TIP! 박스 속 동작부터 천천히 익혀봐! 가장 중요한 건 절대 다치지 않는 거라는 걸 잊지마!

S1 리버스 버피　　※ 호흡은 자연스럽게!

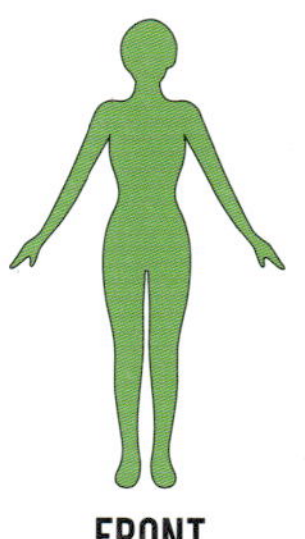

1 바로 서서 양발은 골반너비로 벌리고, 양팔은 권투 자세를 취해!
2 그대로 스쿼트 자세로 앉아.
3 뒤로 누우면서 다리까지 들어 올려 몸을 동그랗게 말았다가.
4 반동으로 몸을 일으키며 쪼그려 앉아!
5 완전히 일어나 만세하면서 점프!

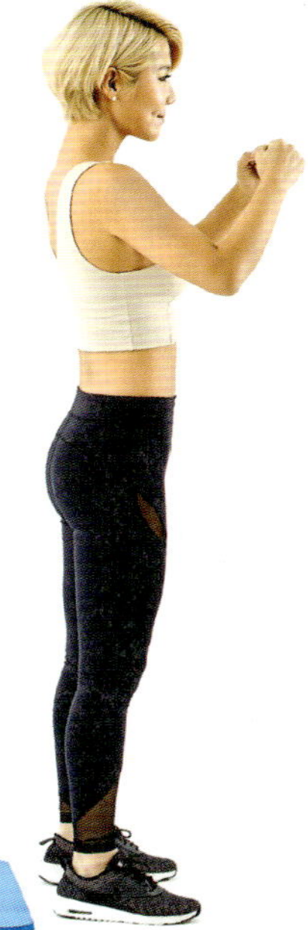

1

2

3

4

5

병아리 TIP
운동 병아리들은 반동만을 이용해 **몸을 일으키는 자세**가 어려울 수도 있어.
그럴 땐 지금 소개하는 두 가지 방법 중 할 수 있는 것을 선택한다면 몸을 일으키는 게 좀 더 수월해질 거야.

① 한손으로 바닥 짚기
② 리버스 버피 앉아서 시작하기

위의 3번 자세 다음에 반동으로 몸을 일으키면서 양손으로 바닥을 짚어 몸의 중심을 잡아 줘.

1 1~2번 자세를 생략하고 바닥에 앉아. 양 무릎을 세우고, 허벅지 뒤로 손을 넣어 깍지를 껴!

2 그대로 뒤로 구르며 몸을 둥글게 말아.

3 반동을 이용해 몸을 원위치!

S2 플랭크 사이드니턱

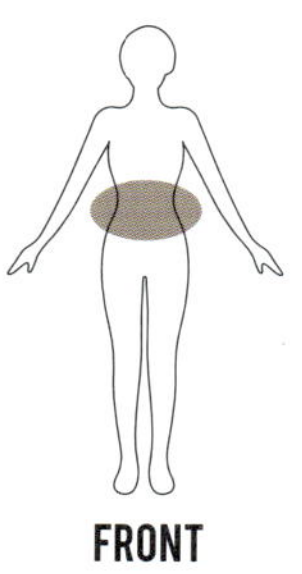

FRONT

1 엎드려뻗쳐 자세에서 양발은 좁게, 양손은 어깨너비로 벌려줘.

2 오른쪽 무릎이 오른쪽 팔꿈치에 닿게끔 당겨줘. 이때 시선도 같이 움직여 주는 것이 좋아.

3 원위치!

4 이번에는 왼쪽 무릎을 왼쪽 팔꿈치에 닿게끔 쭉 당겼다가.

5 원위치! 여기까지가 1회야.

1

2

3

4

5

1 양손으로 의자 끝을 잡고, 양발은 바닥과 직 각에 가깝게 서는 것이 좋아. 어깨를 누르면 서 양팔과 등, 허리까지 최대한 일직선이 되 게끔 하자.

2 오른쪽 무릎이 오른쪽 팔꿈치에 닿게끔 바 깥쪽으로 당겨줘. 이때 시선도 같이 움직여 주는 것이 좋아.

3 어깨 누르며 원위치!

S3 딥 브릿지

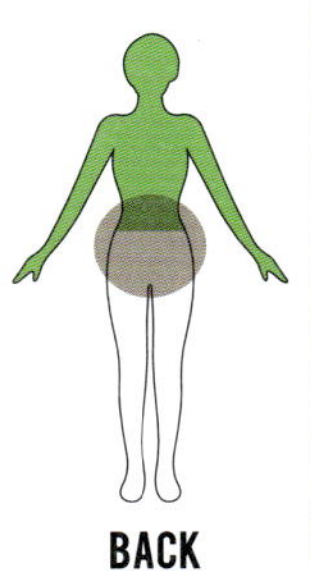

BACK

1 바닥에 앉아서 양발은 골반너비로 벌리고 발끝은 바깥쪽으로 벌려줘. 팔꿈치를 편 채로 양손으로 땅을 짚고, 손끝은 몸 쪽을 향하게 한 뒤 엉덩이를 바닥에서 살짝 들어 올리면 준비 끝!

2 뒤꿈치로 바닥을 밀어 내면서 엉덩이를 천천히 들어 올려 바닥과 평행이 되게 만들어. 이때 목이 움츠러들지 않게끔 주의하고, 양팔은 몸통과 최대한 직각이 되도록!

3 바닥에 엉덩이가 닿기 직전까지 내려와. 2~3번 과정이 1회!

병아리 TIP | 브릿지

1

2
후~

3

1 바닥에 등을 대고 누워 양발은 골반너
비로 벌린 뒤 무릎을 세워 줘. 이때 양발
끝과 무릎은 바깥쪽을 향하게 하고, 양
손은 편하게 내려놔도 돼.

2 양발로 바닥을 밀어 내며 천천히 골반
을 들어 올려. 몸통부터 허벅지까지 일
직선이 되게 하고, 허벅지와 엉덩이 근
육에 힘을 빡 주자!

3 바닥에 엉덩이가 닿기 직전까지 천천히
내려와.

후~

2

3

운동 머신이 돼봐! 토요일

S4 킥백 + 어브덕션

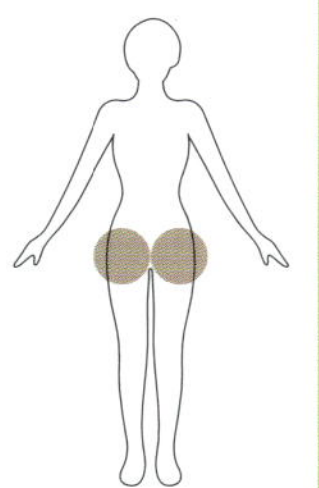

BACK

1 네발 기기 자세로 엎드려 양손을 어깨너비, 양 무릎은 골반너비로 벌려줘.

2 골반을 고정한 채로 한쪽 다리를 뒤로 쭉 뻗은 다음.

3 들어 올린 다리를 바깥쪽으로 밀어내. 이때 골반은 고정돼 있어야 해.

4 밀어낸 다리를 다시 뒤로 보냈다가.

5 네발 기기 자세로 돌아와. 이때 무릎이 땅에 닿지 않을 정도로만 내려주자. 2~5번 과정이 1회! 좌우 각 50개씩!

4

5

S5 # 웨이브 푸시업

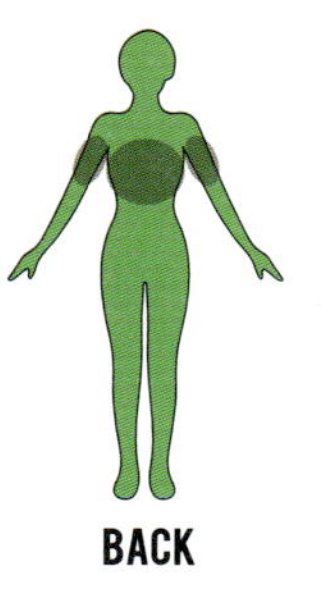

BACK

1 바닥에 배를 대고 엎드린 다음 양발은 어깨너비로 벌리고, 양손은 가슴 옆 바닥을 짚어.

2 팔꿈치가 바깥쪽으로 벌어지지 않도록 주의하면서 상체를 일으켜 세워. 이때 어깨에 긴장을 풀고 가슴은 쫙 펴줘야 해.

3 천천히 엉덩이를 들어 올려 엎드려 뻗쳐 자세를 취했다가.

4 상체를 허벅지에 붙여 버리겠다는 생각으로 양손으로 바닥을 쭉 밀어내며 스트레칭!

5 다시 엎드려 뻗쳐 자세로 돌아와.

6 골반부터 바닥에 내려줘.

7 상체를 완전히 내려서 맨 처음 자세로 돌아가.

4
후~
5

6

7

온몸의 긴장과
뭉친 근육을 풀어주는
마무리 스트레칭

온종일 고생한 자신의 몸에게 힐링의 시간을 줘야지. 다른 건 생략하더라도 마무리 스트레칭만은 운동 후 또는 자기 전에 반드시 했으면 좋겠어. 너무 바빠 그날 운동을 못했다면 더더욱 마무리 스트레칭은 필수! 프로그램 순서대로 천천히, 자신의 몸과 대화하는 시간을 가져봐.

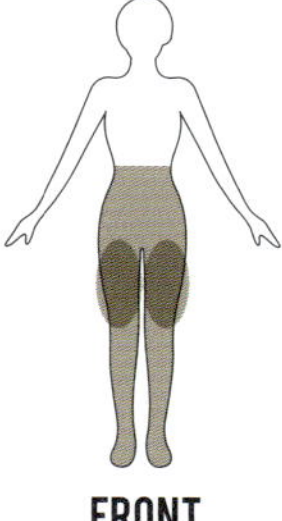

C1 다리 뻗어 발목 당기기

바닥에 등을 대고 누운 뒤 한발을 들어 올려 양손으로 발목을 잡아. 이때 무릎은 편 상태를 유지해. 좌우 각각 20초씩 버티기!

병아리 TIP 무릎이 안 펴지는 병아리들은 상체를 들어 올려도 돼!

 # 4자 당기기

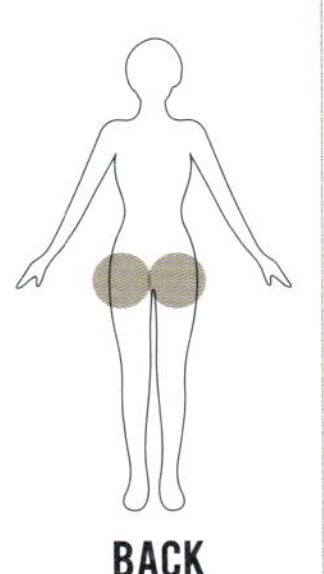

바닥에 등을 대고 누운 뒤 오른쪽 발을 왼쪽 허벅지 위에 올리고,
왼쪽 허벅지 뒤쪽을 양손으로 잡아당기며 스트레칭. 좌우 각각 10초씩 버티기!

좌

우

C3 앞벅지 스트레칭

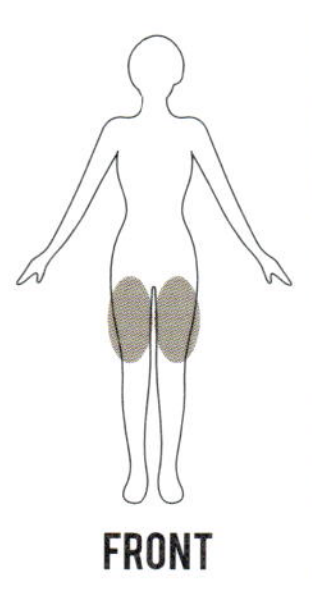

바닥에 등을 대고 누운 뒤 오른쪽 다리는 무릎을 꿇은 상태로 두고, 왼쪽 발목을 오른쪽 허벅지 위에 얹어. 그대로 골반 위에 양손을 포개 올리고 골반이 뜨지 않도록 지긋이 눌러줘. 좌우 각각 10초씩 버티기!

좌

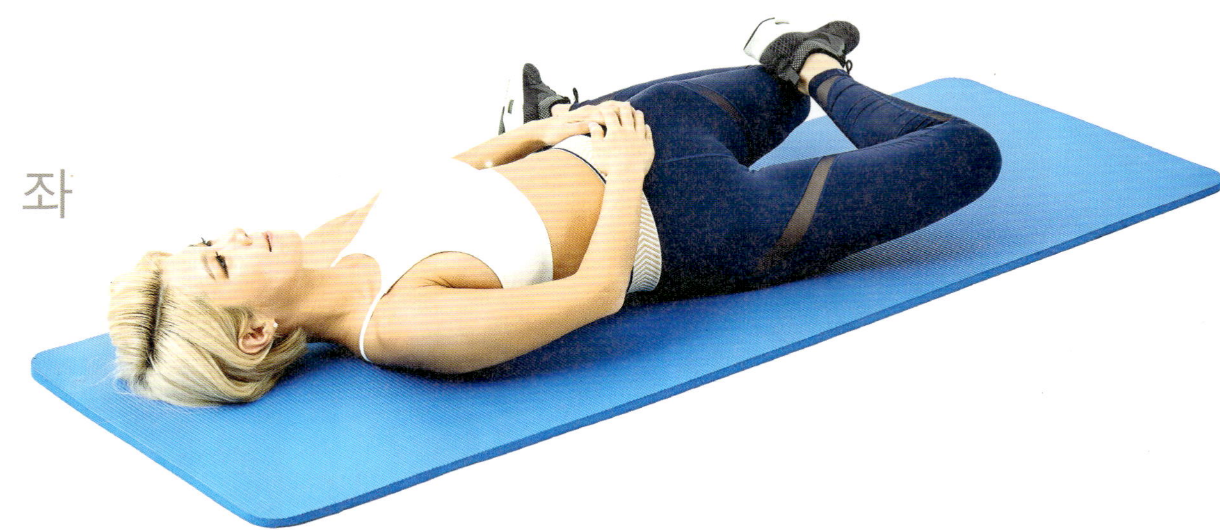

우

허리 스트레칭

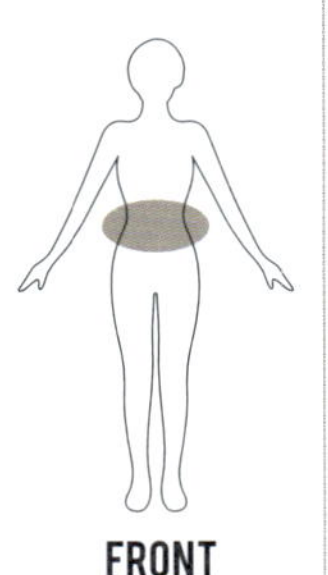

바닥에 등을 대고 누운 뒤 왼쪽 무릎을 당겨서 오른쪽으로 틀어 줘.
이때 오른손으로 왼쪽 무릎을 지긋이 눌러주고, 양 어깨는 바닥에
닿아 있어야 해. 고개는 왼쪽으로 돌려줘! 좌우 각각 10초씩 버티기!

C5 코브라 자세로 하늘보기

바닥에 배를 대고 누운 뒤 양발은 어깨너비로 벌리고,
양손으로 바닥을 밀어내면서 상체를 들어 올려. 이때
시선은 하늘을 향하게! 10초 버티기!

C6 어린이 자세

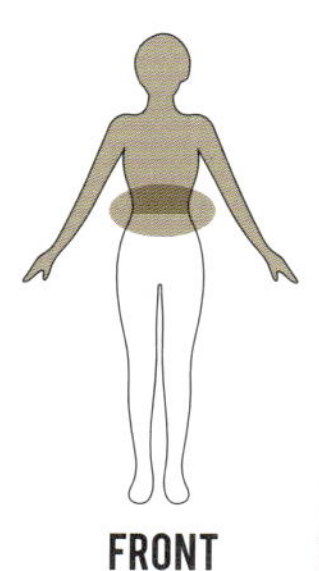

C5 코브라 자세에서 엉덩이를 뒤로 쭉 빼면서 양 어깨와 가슴이
바닥에 닿게끔 스트레칭! 10초 버티기!

C7 산 자세

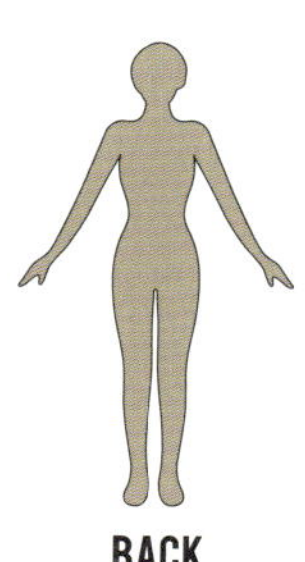

어린이 자세에서 상체는 고정한 채 무릎을 펴면서 일어나. 뒤꿈치
가 최대한 바닥에 닿게끔 해. 종아리까지 스트레칭! 골반부터 등,
팔까지 일직선이 되도록 쭉쭉 늘여줘. 10초 버티기!

C8 고양이 + 낙타 자세

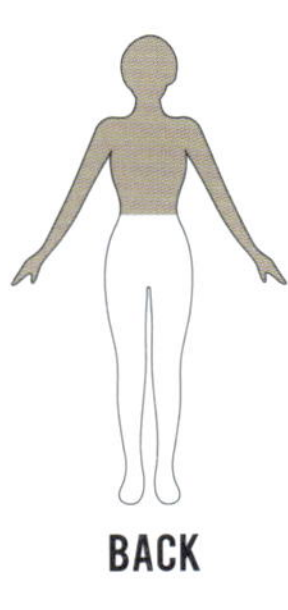

1 네발 기기 자세에서 허리를 움푹하게 바닥 쪽으로 내려줘. 이때 어깨도 같이 으쓱!
10초 버티기!

2 반대로 머리를 숙이면서 허리를 하늘로 둥글게 말아줘. 10초 버티기!

SPECIAL PROGRAM I

뱃살 날리기

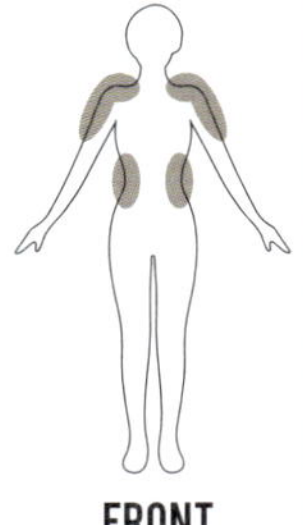

SP I-1 빨랫줄 동작

1 바로 서서 양발은 어깨너비로 벌리고, 양팔은 옆으로 나란히!

2 하체는 고정한 채로 팔이 흔들리지 않도록 주의하면서 상체를 옆으로 쭉 밀어내. 마치 내 몸이 빨랫줄에 걸린 것처럼. 또는 양쪽에서 누가 내 팔을 잡아 당긴다고 상상해도 좋아.

3 이번에는 반대쪽으로 상체를 밀어내. 2~3번 과정이 1회!

SP 1-2 서서 무릎 당기기

1 바로 서서 양팔을 하늘로 쭉 편 채 만세! 복부를 있는 힘껏 늘여주자.

2 왼쪽 무릎을 가슴 쪽으로 당기는 동시에 상체를 동그랗게 말아. 복부에 힘을 주고 자연스럽게 양 팔꿈치 사이로 무릎을 쑥 끼우면서! 좌우 각 100회씩!

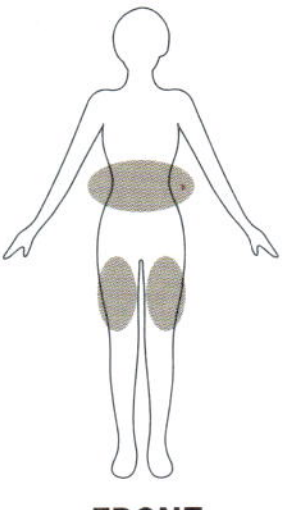

 # 플랭크 파이크

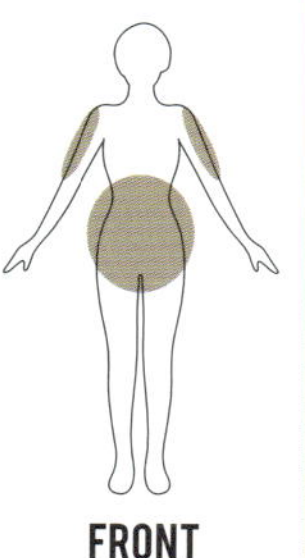

1 바닥에 엎드려 양발은 붙이고, 양팔꿈치로 몸을 세워서 플랭크 자세를 만들어.

2 엉덩이를 하늘로 올리면서 동시에 등을 바닥 쪽으로 꾹 누르며, 복부를 쭉 늘여줘.

 # 바이시클

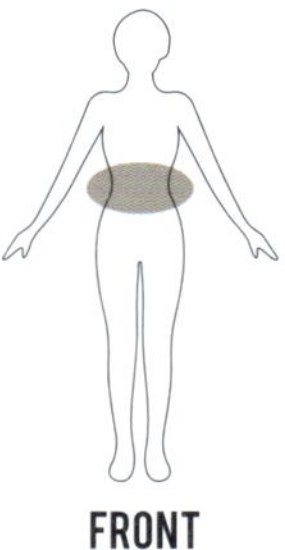

1 바닥에 등을 대고 누운 뒤 양손은 귀 옆에 두고 양발은 쭉 펴.

2 왼쪽 팔꿈치와 오른쪽 무릎을 당겨 서로 닿게끔 몸을 비틀어.

3 반대쪽도 실시! 2~3번 과정이 1회!

병아리 TIP

바이시클 동작을 실시할 때 목에 통증이 오는 병아리는
상체는 편안하게 두고 다리만 구부려 당겼다가 펴줘.

마운틴 클라이머

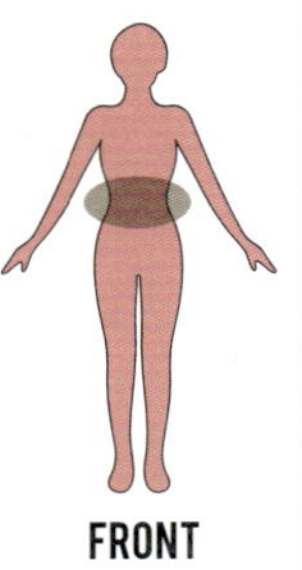

1 엎드려 뻗쳐 자세에서 오른쪽 무릎을 당겨 앞쪽 바닥을 짚어.

2 그대로 점프하면서 동시에 다리를 교차시켜줘! 좌우 각 100회씩!

2

병아리들은 점프 동작은 생략하고 엎드려 뻗쳐 자세에서 무릎을 한 번씩 당겼다가 원위치!

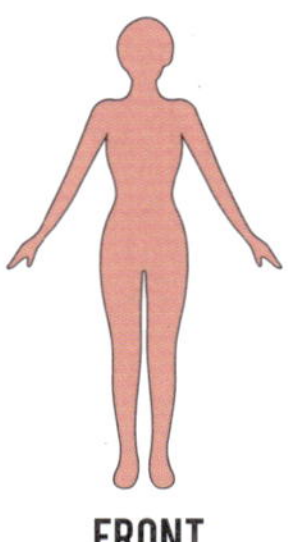

FRONT

SP II-1 풍차 돌리기

1 바로 서서 양발은 어깨너비보다 넓게 벌리고, 양팔은 양 옆으로 쭉 펴줘.

2 상체를 숙이면서 오른쪽 손끝이 왼쪽 발목에 닿도록 양팔로 반원을 그려. 움직임은 크게 크게! 동작 내내 양팔은 쭉 편 상태를 유지해야 해.

3 이번에는 왼쪽 손끝으로 오른쪽 발목을 터치! 손이 안닿더라도 최대한 가까운 곳에 닿겠다는 의지로 동작을 진행하자. 2~3번 과정이 1회!

2
3

SP 11-2 스트레칭 푸시업

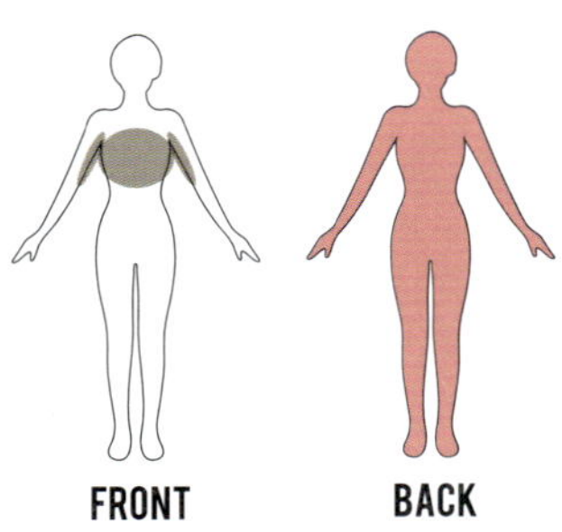

1 바닥에 배를 대고 엎드린 뒤 양발은 어깨너비로 벌리고, 양손은 가슴 옆 바닥을 짚어.

2 팔꿈치가 바깥쪽으로 벌어지지 않도록 주의하면서 상체를 세워. 이때 양 어깨에 긴장을 풀고 가슴을 쭉 펴줘야 해.

3 엉덩이를 들어 올려 네발 기기 자세를 만들고.

4 상체를 뒤로 쭉 밀어내면서 어린이 자세를 만들었다가.

5 다시 네발 기기 자세로 돌아와.

6 골반부터 바닥에 내리고.

7 상체를 내려 맨 처음 자세로 돌아가.

후~

브릿지

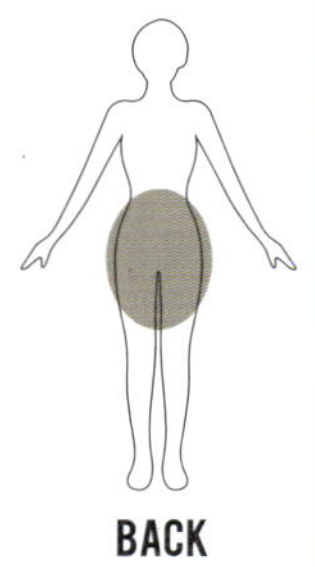

1 바닥에 등을 대고 누워 양발은 골반너비로 벌린 뒤 무릎을 세워줘. 이때 양 발끝과 무릎은 바깥쪽을 향하게 하고, 양손은 편하게 내려놔도 돼.

2 양발로 바닥을 밀어 내며 천천히 골반을 들어 올려. 몸통부터 허벅지까지 일직선이 되게 하고, 허벅지와 엉덩이 근육에 힘을 빡 주자!

3 바닥에 엉덩이가 닿기 직전까지 천천히 내려와. 2~3번 과정이 1회!

1

2

CLOSE UP

3

SP 11-4 피라미드

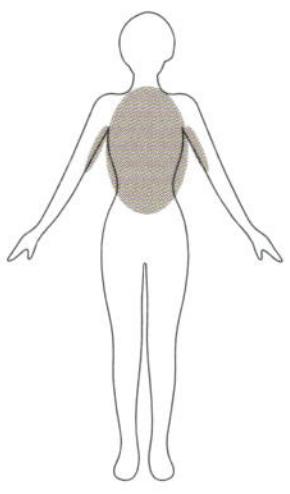

1 바로 서서 양발을 골반너비로 벌린 다음 왼쪽 다리를 뒤로 보내. 이때 다리 간격은 어깨너비보다 넓게 벌린다고 생각해. 양팔은 뒤로 깍지 끼고!

2 다리를 고정한 채로 상체를 숙이면서, 동시에 깍지 낀 손을 하늘 위로 들어 올려!

3 머리부터 어깨까지 웨이브를 타듯이 상체를 사선으로 들어 올렸다가.

4 상체를 완전히 들어 올려 처음 자세로 돌아가. 좌우 각 50회씩!

 # 고양이＋낙타 자세

1 네발 기기 자세에서 허리를 움푹하게 바닥 쪽으로 내려줘. 이때 어깨도 같이 으쓱!

2 반대로 머리를 숙이면서 허리를 하늘로 둥글게 말아줘.

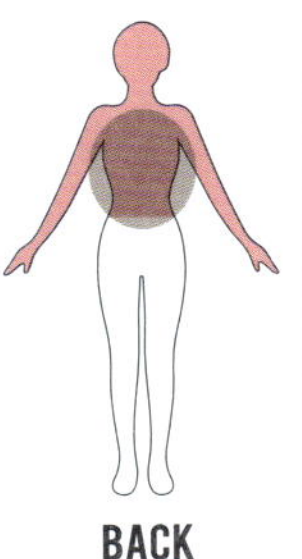

BACK

1

2

≪ 「주원홈트 100」 병아리 운동 일지 ≫

MONDAY
월요핏

M1 스모 스쿼트

1set	2set	3set	4set	5set
20	20	20	20	20

M2 굿모닝

1set	2set	3set	4set	5set
20	20	20	20	20

M3 손 모아 옆구리 늘이기

1set	2set	3set	4set	5set
20	20	20	20	20

M4 펭귄 운동

1set	2set	3set	4set	5set
20	20	20	20	20

M5 킥백

1set	2set	3set	4set	5set
20	20	20	20	20

TUESDAY
화요핏

T1 슬로우 버피

1set	2set	3set	4set	5set
20	20	20	20	20

T2 빨랫줄 동작

1set	2set	3set	4set	5set
20	20	20	20	20

T3 승모근 타파

1set	2set	3set	4set	5set
20	20	20	20	20

T4 스트레칭 마운틴 클라이머

1set	2set	3set	4set	5set
20	20	20	20	20

T5 네발 기기 자세에서 다리 옆으로 들어 올리기

1set	2set	3set	4set	5set
20	20	20	20	20

WEDNESDAY
수요핏

W1 PT 체조

1set	2set	3set	4set	5set
20	20	20	20	20

W2 트위스트 런지

1set	2set	3set	4set	5set
20	20	20	20	20

W3 와이드 스쿼트

1set	2set	3set	4set	5set
20	20	20	20	20

W4 돌고래

1set	2set	3set	4set	5set
20	20	20	20	20

W5 마름모 페이스 다운 레그리프트

1set	2set	3set	4set	5set
20	20	20	20	20

THURSDAY
목요핏

TH1 스쿼트 + 로우

1set	2set	3set	4set	5set
20	20	20	20	20

TH2 사이드 킥 + 팔 당기기

1set	2set	3set	4set	5set
20	20	20	20	20

TH3 엄지 하늘

1set	2set	3set	4set	5set
20	20	20	20	20

TH4 목 뒤로 수건 당기기

1set	2set	3set	4set	5set
20	20	20	20	20

TH5 바스켓볼 점프

1set	2set	3set	4set	5set
20	20	20	20	20

FRIDAY
금요핏

F1 슬로우 데드

1set	2set	3set	4set	5set
20	20	20	20	20

F2 트위스트 스쿼트

1set	2set	3set	4set	5set
20	20	20	20	20

F3 강아지 쉬야 자세

1set	2set	3set	4set	5set
20	20	20	20	20

F4 와이드 점프 스쿼트

1set	2set	3set	4set	5set
20	20	20	20	20

F5 코브라 푸시업

1set	2set	3set	4set	5set
20	20	20	20	20

SATURDAY
토요핏

S1 리버스 버피

1set	2set	3set	4set	5set
20	20	20	20	20

S2 플랭크 사이드니턱

1set	2set	3set	4set	5set
20	20	20	20	20

S3 딥 브릿지

1set	2set	3set	4set	5set
20	20	20	20	20

S4 킥백 + 어브덕션

1set	2set	3set	4set	5set
20	20	20	20	20

S5 웨이브 푸시업

1set	2set	3set	4set	5set
20	20	20	20	20

SPECIAL I
뱃살

SP I-1 빨랫줄 동작

1set	2set	3set	4set	5set
20	20	20	20	20

SP I-2 서서 무릎 당기기

1set	2set	3set	4set	5set
20	20	20	20	20

SP I-3 플랭크 파이크

1set	2set	3set	4set	5set
20	20	20	20	20

SP I-4 바이시클

1set	2set	3set	4set	5set
20	20	20	20	20

SP I-5 마운틴 클라이머

1set	2set	3set	4set	5set
20	20	20	20	20

SPECIAL II
생리기간

SP II-1 풍차 돌리기

1set	2set	3set	4set	5set
20	20	20	20	20

SP II-2 스트레칭 푸시업

1set	2set	3set	4set	5set
20	20	20	20	20

SP II-3 브릿지

1set	2set	3set	4set	5set
20	20	20	20	20

SP II-4 피라미드

1set	2set	3set	4set	5set
20	20	20	20	20

SP II-5 고양이 + 낙타 자세

1set	2set	3set	4set	5set
20	20	20	20	20

※ 「주원홈트 100」 병아리 운동 일지는 싸이프레스 블로그(blog.naver.com/cypressbook)에서 다운로드 받으세요.